Impressum
Verlag: BABADADA GmbH, Nedderfeld 112 , 22529 Hamburg
Geschäftsführer / Verlagsleitung: Harald Hof
Druck: Books on Demand GmbH, In de Tarpen 42, 22848 Norderstedt

Imprint
Publisher: BABADADA GmbH, Nedderfeld 112 , 22529 Hamburg, Germany
Managing Director / Publishing direction: Harald Hof
Print: Books on Demand GmbH, In de Tarpen 42, 22848 Norderstedt

škola
el colegio

třída
el aula

dělit
dividir

186/2

školní hřiště
el patio de la escuela

tabule
el pizarrón

učitel
el maestro

papír
el papel

psát
escribir

pero
la birome

psací stůl
el escritorio

pravítko
la regla

kniha
el libro

žák
el alumno

aktovka

la mochila

penál

la caja de lápices

tužka

el lápiz

ořezávátko

el sacapuntas

guma

la goma (de borrar)

blok na kreslení

el bloc de dibujo

výkres

el dibujo

štětec

el pincel

malířské potřeby

la caja de pinturas

nůžky

la tijera

lepidlo

el pegamento

cvičebnice

el cuaderno de ejercicios

domácí úkol

la tarea

počet

el número

2+2

sčítat

sumar

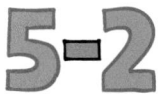

odčítat

restar

násobit

multiplicar

počítat

calcular

písmeno

la letra

abeceda

el abecedario

slovo

la palabra

text

el texto

číst

leer

křída

la tiza

hodina

la lección

třídní kniha

el cuaderno de clase

zkouška

el examen

vysvědčení

el certificado

školní uniforma

el uniforme escolar

vzdělání

la educación

encyklopedie

la enciclopedia

univerzita

la universidad

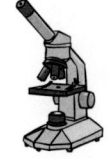

mikroskop

el microscopio

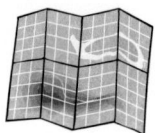

karta

el mapa

odpadkový koš na papír

el tacho (de basura)

cesta
el viaje

hotel
el hotel
Grand
ubytovna
el hostel
ROOMS
směnárna
la casa de cambio
kufr
la valija
auto
el auto

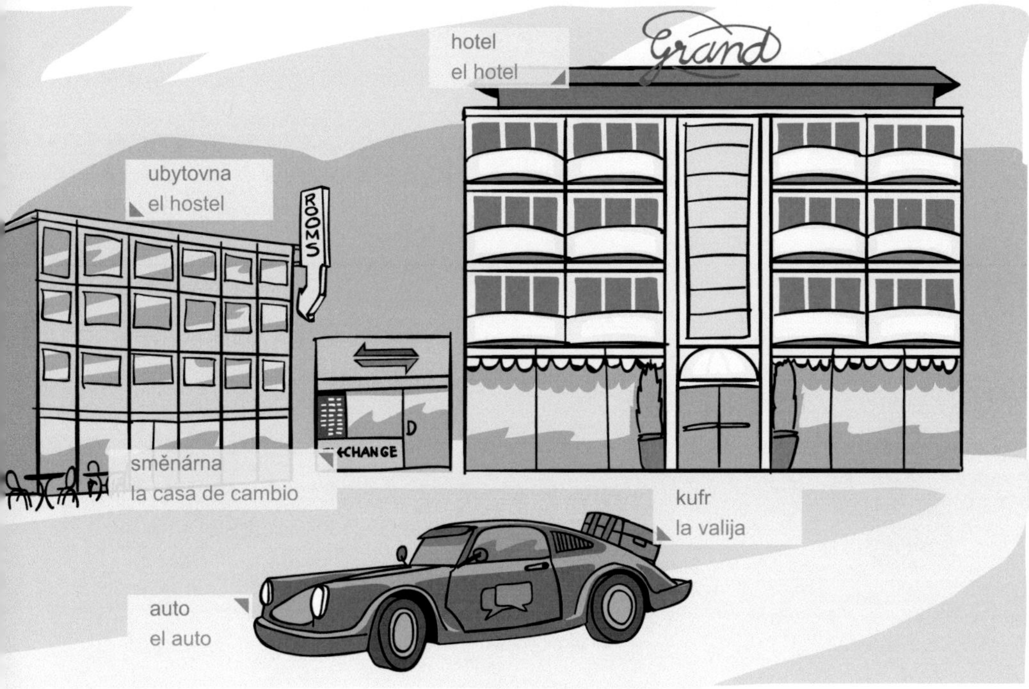

jazyk

el idioma

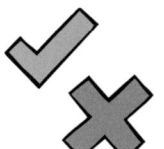

ano / ne

sí / no

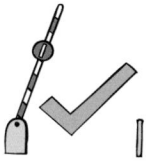

oukej

Está bien

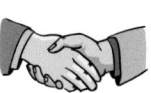

Ahoj!

hola

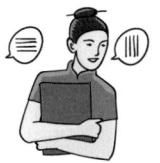

překladatel

el traductor

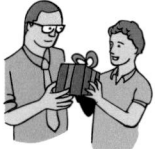

děkuji

Gracias

Kolik stojí...?

¿cuánto cuesta…?

nerozumím

No entiendo

problém

el problema

Dobrý večer!

¡Buenas tardes!

Dobré ráno!

¡Buenos días!

Dobrou noc!

¡Buenas noches!

na shledanou

el adiós

směr

la dirección

zavazadlo

el equipaje

taška

el bolso

batoh

la mochila

host

el invitado

pokoj

la habitación

spací pytel

la bolsa de dormir

stan

la carpa

turistické informace

la información turística

pláž

la playa

kreditní karta

la tarjeta de crédito

snídaně

el desayuno

oběd

el almuerzo

večeře

la cena

jízdenka

el pasaje

výtah

el ascensor

poštovní známka

el sello

hranice

la frontera

clo

la aduana

poselství

la embajada

vízum

la visa

pas

el pasaporte

transport

el transporte

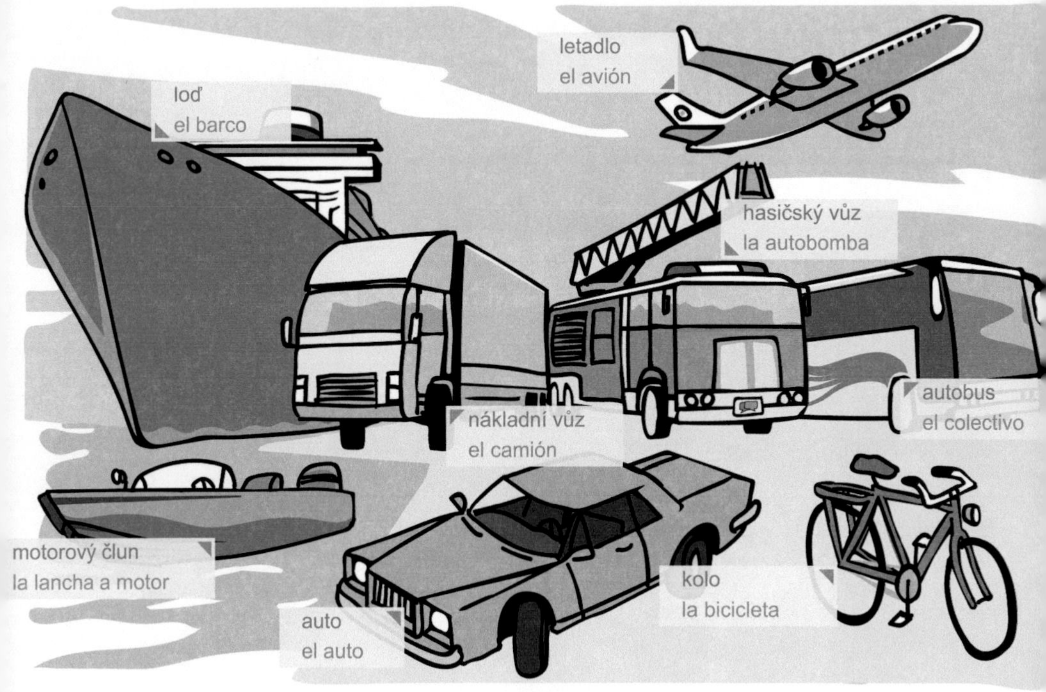

letadlo
el avión
loď
el barco
hasičský vůz
la autobomba
autobus
el colectivo
nákladní vůz
el camión
motorový člun
la lancha a motor
kolo
la bicicleta
auto
el auto

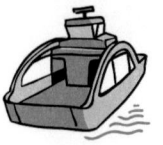

přívoz

el ferry

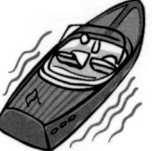

člun

el bote

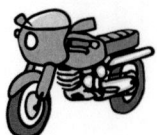

motorka

la moto

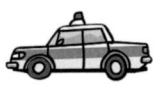

policejní auto

el patrullero

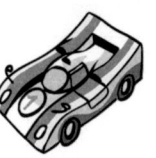

závodní auto

el auto de carreras

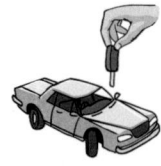

pronajaté auto

el auto de alquiler

sdílení aut

el alquiler de autos

odtahová služba

la grúa

popelářský vůz

el camión de la basura

motor

el motor

palivo

la nafta

čerpací stanice

la estación de servicio

dopravní značka

la señal de tránsito

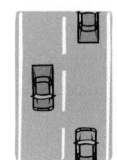

doprava

el tránsito

dopravní zácpa

el embotellamiento

parkoviště

el estacionamiento

vlakové nádraží

la estación de tren

koleje

las vías

vlak

el tren

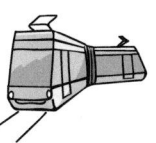

tramvaj

el tranvía

vagón

el vagón

helíkoptéra
el helicóptero

letiště
el aeropuerto

věž
la torre

pasažér
el pasajero

kontejner
el contenedor

kartón
la caja de cartón

trakař
la carretilla

koš
la canasta

vzlétnout / přistát
despegar / aterrizar

město
la ciudad

vesnice
el pueblo

střed města
el centro de la ciudad

dům
la casa

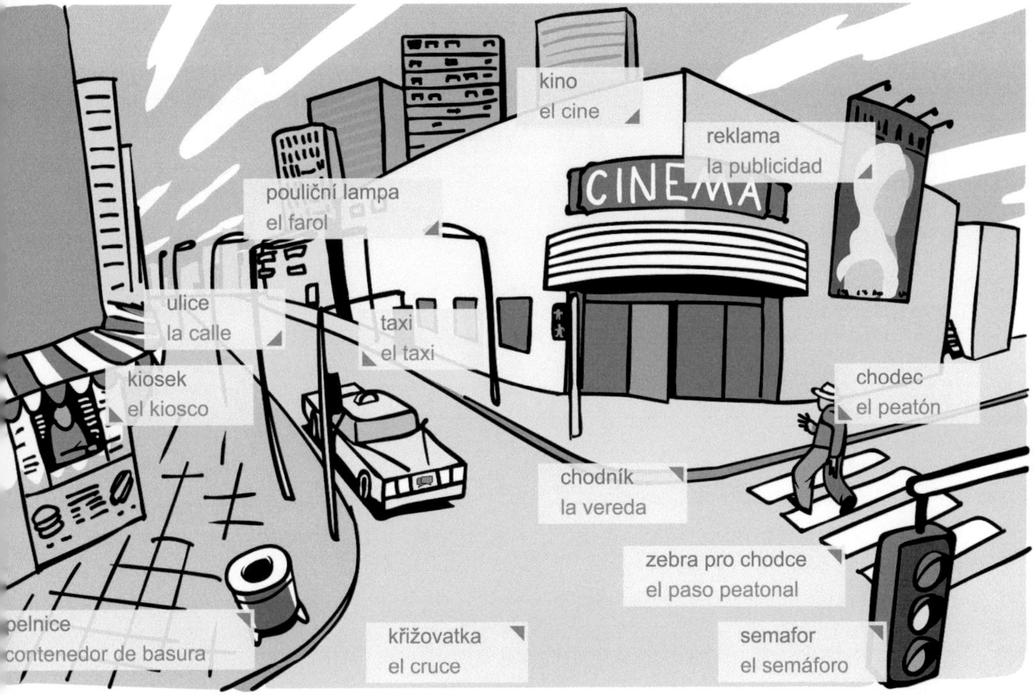

kino
el cine

reklama
la publicidad

pouliční lampa
el farol

ulice
la calle

taxi
el taxi

kiosek
el kiosco

chodec
el peatón

chodník
la vereda

zebra pro chodce
el paso peatonal

popelnice
el contenedor de basura

křižovatka
el cruce

semafor
el semáforo

chata

la cabaña

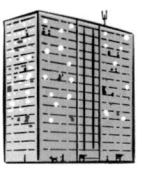

byt

el departamento

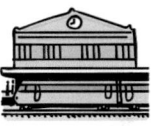

vlakové nádraží

la estación de tren

radnice

la municipalidad

muzeum

el museo

škola

el colegio

univerzita

la universidad

banka

el banco

nemocnice

el hospital

hotel

el hotel

lékárna

la farmacia

kancelář

la oficina

knihkupectví

la librería

obchod

el negocio

květinářství

la florería

supermarket

el supermercado

tržnice

el mercado

obchodní dům

las grandes tiendas

rybárna

la pescadería

nákupní centrum

el centro comercial

přístav

el puerto

park
el parque

lavička
el banco

most
el puente

schody
las escaleras

metro
el subte

tunel
el túnel

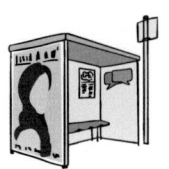

autobusová zastávka
la parada del colectivo

bar
el bar

restaurace
el restaurante

poštovní schránka
el buzón

pouliční tabule
el letrero

parkovací hodiny
el parquímetro

zoo
el zoológico

plovárna
la pileta

mešita
la mezquita

usedlost
la granja

znečišťování životního prostředí
la contaminación

hřbitov
el cementerio

církev
la iglesia

hřiště
los juegos infantiles

chrám
el templo

krajina
el paisaje

list
la hoja

rozcestník
el poste indicador

cesta
el camino

louka
la pradera

kámen
la piedra

turista
el excursionista

strom
el árbol

řeka
el río

tráva
la hierba

květina
la flor

údolí

el valle

hora

la montaña

jezero

el lago

les

el bosque

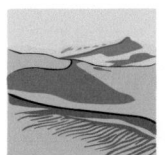

poušť

el desierto

sopka

el volcán

zámek

el castillo

duha

el arco iris

houba

el champiñón

palma

la palmera

komár

el mosquito

moucha

la mosca

mravenec

la hormiga

včela

la abeja

pavouk

la araña

brouk

el escarabajo

žába

la rana

veverka

la ardilla

ježek

el erizo

zajíc

la liebre

sova

la lechuza

pták

el pájaro

labuť

el cisne

divoké prase

el jabalí

jelen

el ciervo

los

el alce

přehrada

la presa

větrné kolo

el aerogenerador

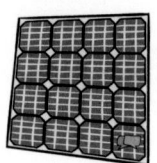

solární panel

el panel solar

podnebí

el clima

restaurace
el restaurante

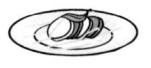

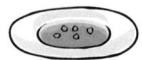

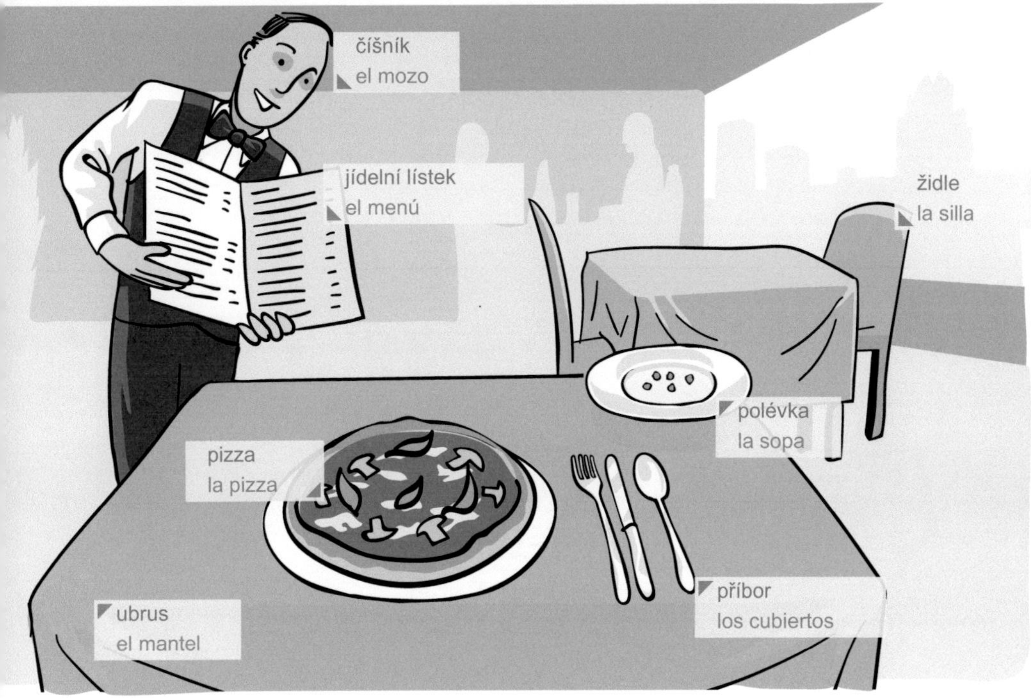
číšník
el mozo
jídelní lístek
el menú
židle
la silla
polévka
la sopa
pizza
la pizza
příbor
los cubiertos
ubrus
el mantel

předkrm

la entrada

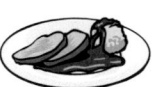

hlavní chod

el plato principal

dezert

el postre

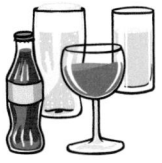

nápoje

las bebidas

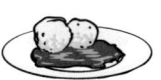

jídlo

la comida

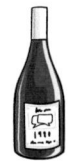

láhev

la botella

rychlé občerstvení

la comida rápida

pouliční občerstvení

la comida callejera

čajová konvice

la tetera

cukřenka

la azucarera

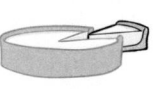

porce

la porción

kávovar na espresso

la cafetera expreso

dětská stolička

la sillita alta

faktura

la cuenta

tác

la bandeja

nůž

el cuchillo

vidlička

el tenedor

lžíce

la cuchara

čajová lyžička

la cucharita

ubrousek

la servilleta

sklenička

el vaso

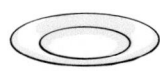

talíř
el plato

talíř na polévku
el plato hondo

podšálek
el plato

omáčka
la salsa

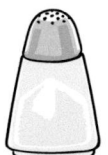

slánka
el salero

mlýnek na pepř
el molinillo de pimienta

ocet
el vinagre

olej
el aceite

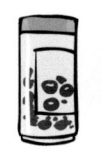

koření
las especias

kečup
el kétchup

hořčice
la mostaza

majonéza
la mayonesa

supermarket
el supermercado

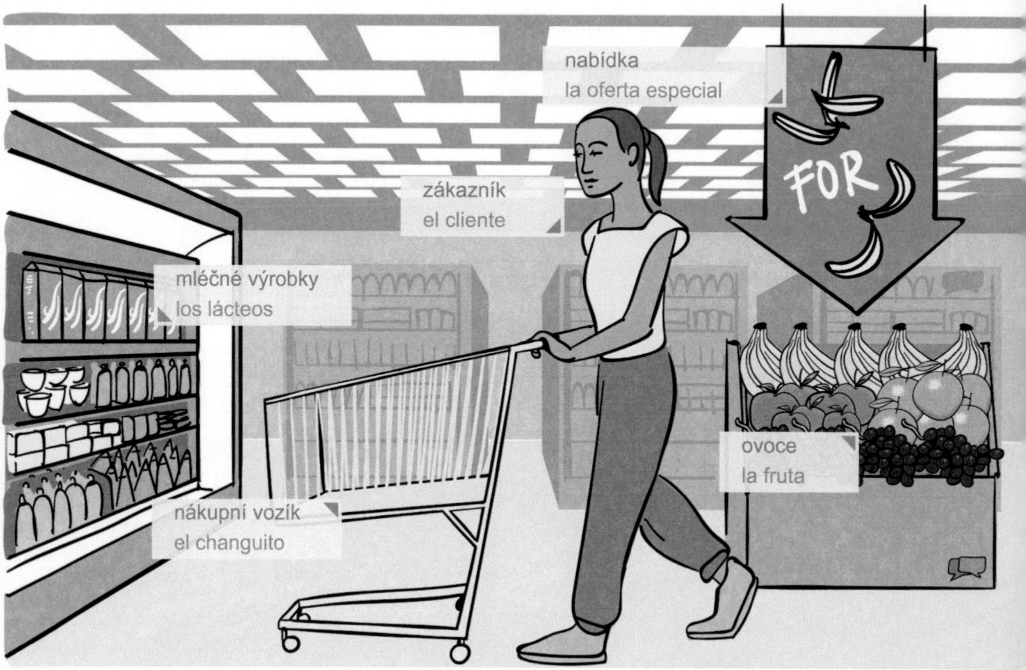

nabídka
la oferta especial
FOR
zákazník
el cliente
mléčné výrobky
los lácteos
ovoce
la fruta
nákupní vozík
el changuito

BUTCHERS

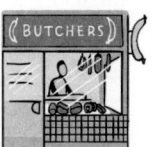

masna

la carnicería

BAKERY

pekařství

la panadería

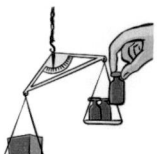

vážit

pesar

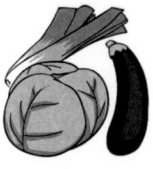

zelenina

las verduras

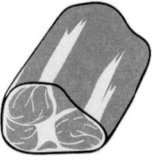

maso

la carne

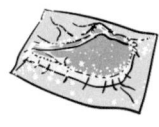

mražené potraviny

los alimentos congelados

obložený talíř

los fiambres

konzervy

los alimentos enlatados

prací prášek

el detergente en polvo

cukrovinky

las golosinas

výrobky pro domácnost

los electrodomésticos

čisticí prostředek

los productos de limpieza

prodavačka

la vendedora

pokladna

la caja

pokladní

el cajero

nákupní seznam

la lista de compras

otevírací doba

el horario de atención

peněženka

la billetera

kreditní karta

la tarjeta de crédito

taška

la cartera

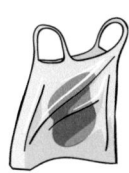

igelitová taška

la bolsa de plástico

nápoje
las bebidas

voda

el agua

džus

el jugo

mléko

la leche

kola

la bebida cola

víno

el vino

pivo

la cerveza

alkohol

el alcohol

kakao

el cacao

čaj

el té

káva

el café

espresso

el café expreso

kapučíno

el cappuccino

banán

la banana

jablko

la manzana

pomeranč

la naranja

meloun

el melón

citrón

el limón

mrkev

la zanahoria

česnek

el ajo

bambus

el bambú

cibule

la cebolla

houba

el champiñón

ořechy

las nueces

těstoviny

los fideos

špageti

los tallarines

rýže

el arroz

salát

la ensalada

hranolky

las papas fritas

americké brambory

las papas fritas

pizza

la pizza

hamburger

la hamburguesa

sendvič

el sándwich

řízek

el churrasco

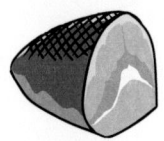

šunka

el jamón

salám

el salame

salám

la salchicha

kuře

el pollo

pečeně

el asado

ryby

el pescado

ovesné vločky

los copos de avena

müsli

el muesli

vločky

los copos de maíz

mouka

la harina

croissant

la medialuna

houska

el pancito

chléb

el pan

toast

la tostada

sušenky

las galletitas

máslo

la manteca

tvaroh

la cuajada

buchta

la torta

vejce

el huevo

volské oko

el huevo frito

sýr

el queso

zmrzlina

el helado

cukr

el azúcar

med

la miel

marmeláda

la mermelada

nugátový krém

la pasta de chocolate

kari

el curry

usedlost
la granja

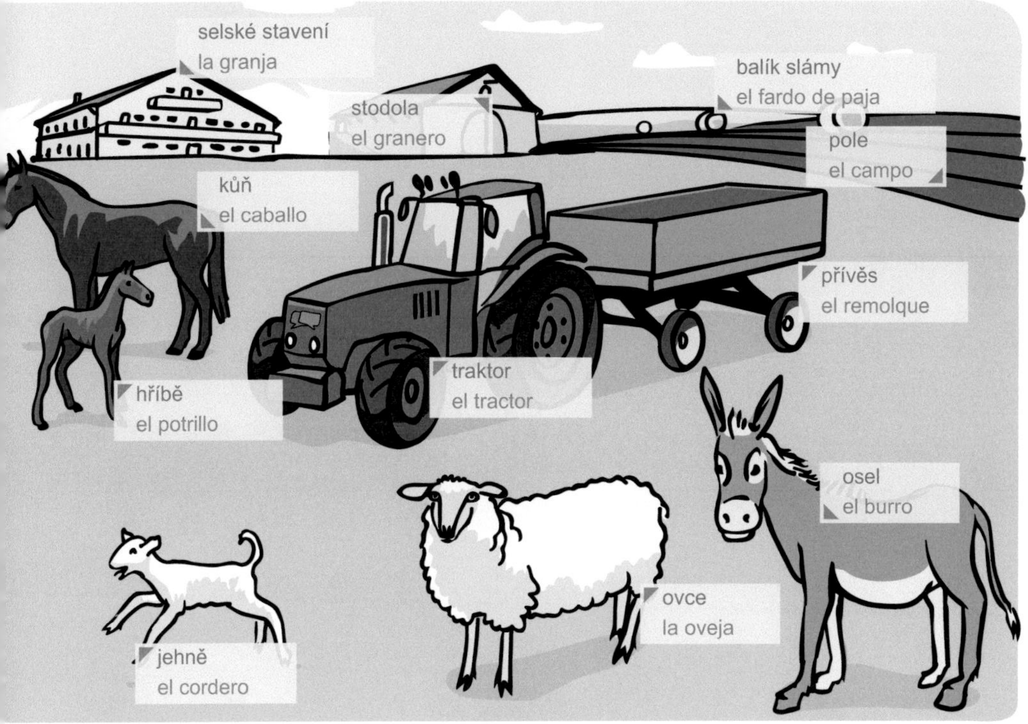

selské stavení
la granja
stodola
el granero
balík slámy
el fardo de paja
pole
el campo
kůň
el caballo
přívěs
el remolque
traktor
el tractor
hříbě
el potrillo
osel
el burro
ovce
la oveja
jehně
el cordero

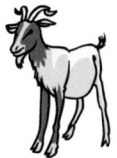

koza

la cabra

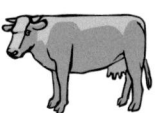

kráva

la vaca

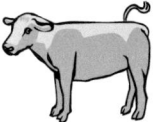

tele

el ternero

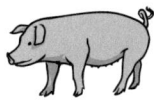

prase

el cerdo

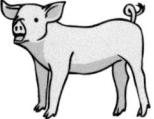

sele

el lechón

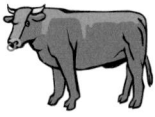

býk

el toro

husa

el ganso

kachna

el pato

kuře

el pollo

slepice

la gallina

kohout

el gallo

krysa

la rata

kočka

el gato

myš

el ratón

vůl

el buey

pes

el perro

psí bouda

la cucha

zahradní hadice

la manguera

kropicí konev

la regadera

kosa

la guadaña

pluh

el arado

srp
la hoz

motyka
la azada

vidle
la horquilla

sekera
el hacha

kolecko
la carretilla

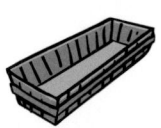

koryto
el abrevadero

konev na mléko
la lechera

pytel
la bolsa

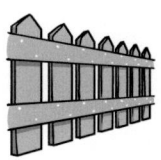

plot
la reja

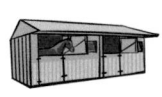

stáj
el establo

skleník
el invernadero

půda
el suelo

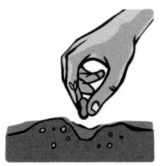

osivo
la semilla

hnojivo
el fertilizador

kombajn
la cosechadora

sklidit

cosechar

sklizeň

la cosecha

smldinec

las batatas

pšenice

el trigo

sója

la soja

brambora

la papa

kukuřice

el maíz

řepka

la semilla de colza

ovocný strom

el árbol frutal

maniok

la mandioca

obilí

los cereales

dům
la casa

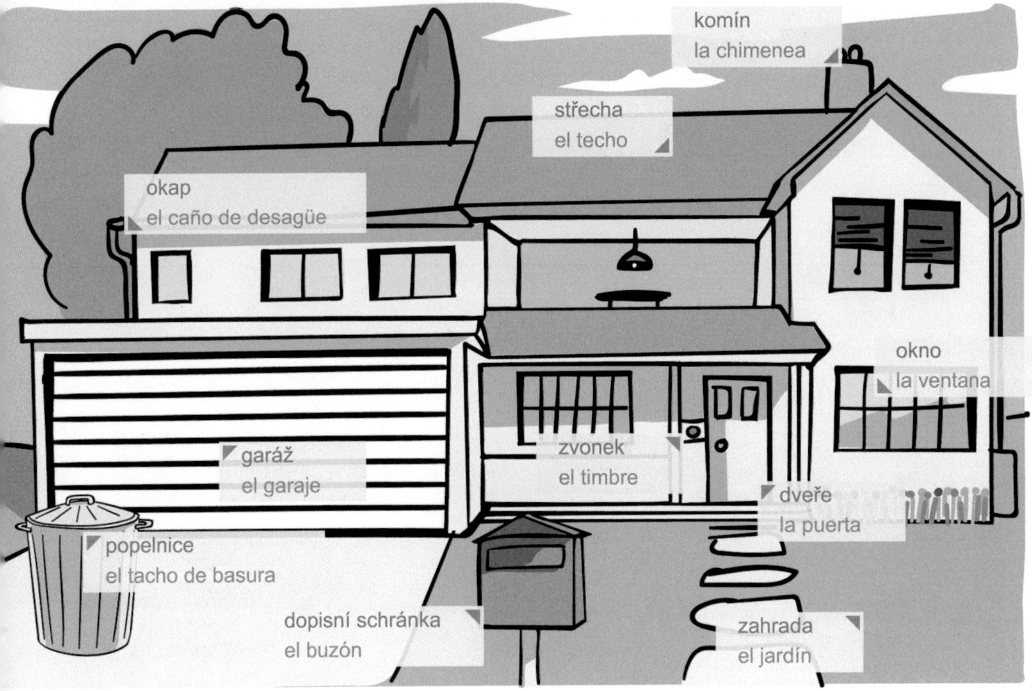

komín
la chimenea

střecha
el techo

okap
el caño de desagüe

okno
la ventana

garáž
el garaje

zvonek
el timbre

dveře
la puerta

popelnice
el tacho de basura

dopisní schránka
el buzón

zahrada
el jardín

obývací pokoj

el living

koupelna

el baño

kuchyně

la cocina

ložnice

el dormitorio

dětský pokoj

el cuarto de los chicos

jídelna

el comedor

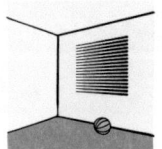

podlaha

el piso

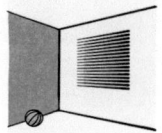

zeď

la pared

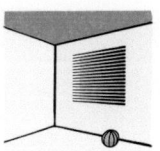

deka

el cielorraso

sklep

el sótano

sauna

el sauna

balkón

el balcón

terasa

la terraza

bazén

la pileta

sekačka na trávu

la cortadora de pasto

ložní prádlo

la sábana

lůžková přikrývka

el acolchado

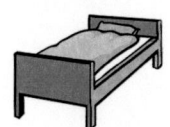

postel

la cama

smeták

la escoba

kýbl

el balde

vypínač

el interruptor

obývací pokoj
el living

tapeta
el empapelado
obrázek
la imagen
žárovka
la lámpara
police
el estante
skříň
el armario
televizor
la televisión
komín
la chimenea
květina
la flor
polštář
el almohadón
gauč
el sofá
váza
el florero
dálkový ovladač
el control remoto

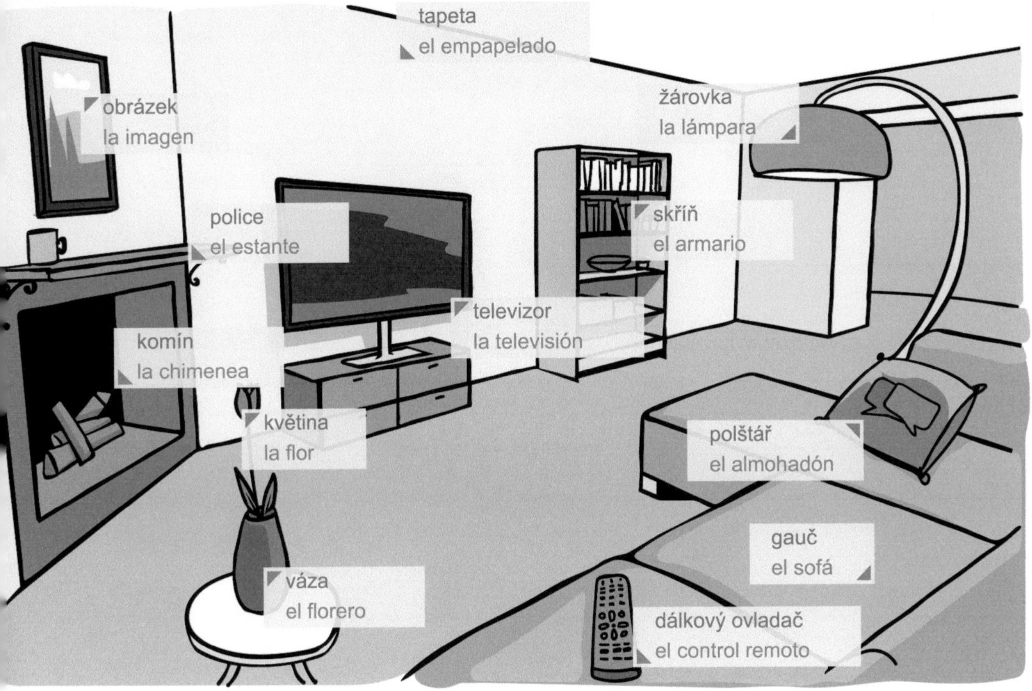

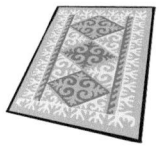

koberec

la alfombra

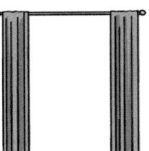

závěs

la cortina

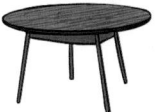

stůl

la mesa

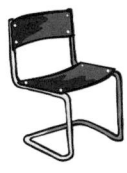

židle

la silla

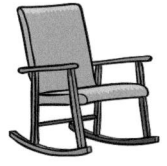

houpací křeslo

la mecedora

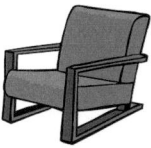

křeslo

el sillón

kniha

el libro

strop

la frazada

ozdoba

la decoración

palivové dříví

la leña

film

la película

stereo souprava

el equipo de música

klíč

la llave

noviny

el diario

malba

la pintura

plakát

el póster

rádio

la radio

poznámkový blok

el cuaderno

vysavač

la aspiradora

kaktus

el cactus

svíce

la vela

kuchyně
la cocina

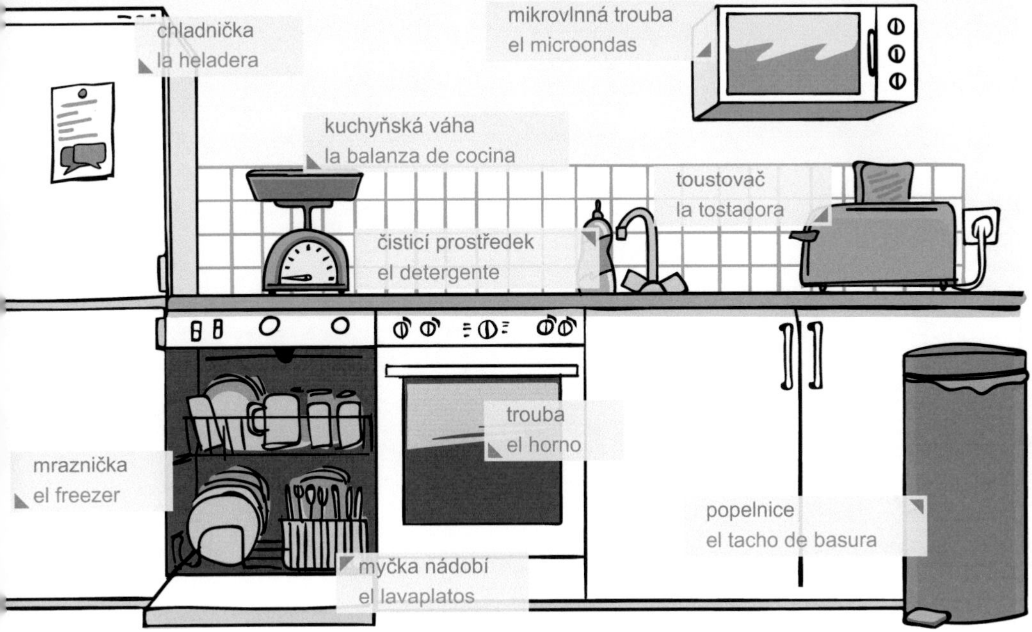
chladnička
la heladera
mikrovlnná trouba
el microondas
kuchyňská váha
la balanza de cocina
toustovač
la tostadora
čisticí prostředek
el detergente
trouba
el horno
mraznička
el freezer
popelnice
el tacho de basura
myčka nádobí
el lavaplatos

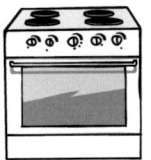

sporák
la cocina

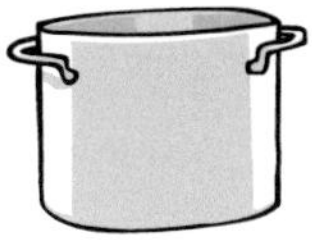
hrnec
la olla

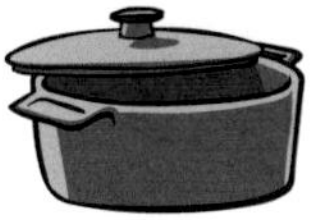
litinový hrnec
la olla de hierro fundido

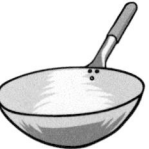

wok / kadai
el wok

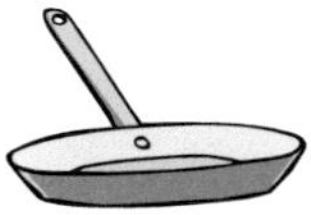
pánev
la sartén

varná konvice
la pava

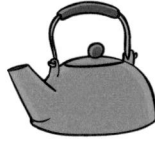

parní hrnec

la vaporera

plech na pečení

la bandeja de horno

nádobí

la vajilla

hrnek

la taza

miska

el bol

jídelní hůlky

los palitos

naběračka

el cucharón

obracečka

la espátula

metla

la batidora

síto

el colador

cedník

el colador

struhadlo

el rallador

hmoždíř

el mortero

gril

la parrilla

ohniště

la fogata

prkénko na krájení

la tabla de picar

váleček na těsto

el palo de amasar

vývrtka

el sacacorchos

dóza

la lata

otvírák na konzervy

el abrelatas

chňapka

la manopla

umyvadlo

la pileta

kartáč na nádobí

el cepillo

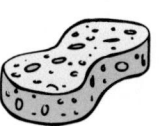

houba

la esponja

mixér

la batidora

mrazák

el congelador

dětská lahev

la mamadera

kohoutek

la canilla

koupelna
el baño

sprcha
la ducha
topení
la calefacción
ručník
la toalla
sprchový závěs
la cortina de la ducha
pěnová koupel
el baño de espuma
vana
la bañadera
sklenička
el vaso
pračka
el lavarropas
kohoutek
la canilla
obkladačky
las baldosas
nočník
la pelela
umyvadlo
la pileta

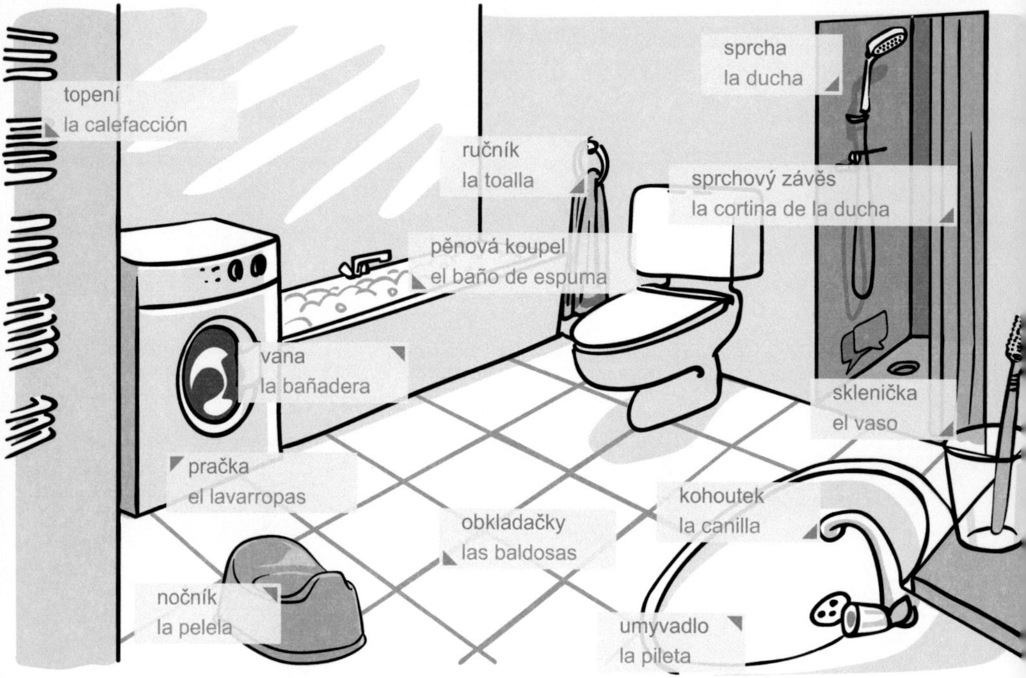

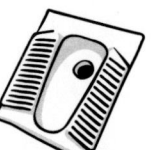

záchod

el inodoro

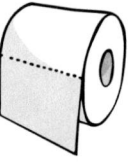

turecký záchod

la letrina

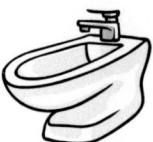

bidet

el bidé

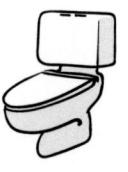

pisoár

el mingitorio

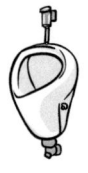

toaletní papír

el papel higiénico

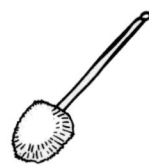

záchodová štětka

el cepillo para el inodoro

zubní kartáček

el cepillo de dientes

zubní pasta

el dentífrico

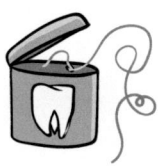

zubní niť

el hilo dental

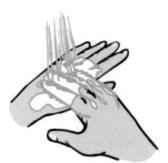

mýt

lavar

ruční sprcha

la ducha de mano

intimní sprcha

la ducha higiénica

umyvadlo

la palangana

kartáč na záda

el cepillo para la espalda

mýdlo

el jabón

sprchový gel

el gel de ducha

šampón

el shampoo

žínka

la toallita

odpad

el desagüe

krém

la crema

deodorant

el desodorante

zrcadlo

el espejo

kosmetické zrcátko

el espejito

holicí strojek

la maquinita de afeitar

pěna na holení

la espuma de afeitar

voda po holení

el aftershave

hřeben

el peine

kartáč

el cepillo

fén

el secador de pelo

lak na vlasy

el spray

makeup

el maquillaje

rtěnka

el lápiz de labios

lak na nehty

el esmalte para uñas

vata

el algodón

nůžky na nehty

la tijera para uñas

parfém

el perfume

aška s toaletními potřebami

el portacosméticos

stolička

la banqueta

váha

la balanza

župan

la bata

gumové rukavice

los guantes de goma

tampón

el tampón

dámská vložka

la toallita femenina

chemická toaleta

el baño químico

dětský pokoj
el cuarto de los chicos

budík
el despertador
plyšová hračka
el peluche
autíčko
el coche de juguete
chrastítko
el sonajero
domeček pro panenky
la casa de muñecas
dárek
el regalo

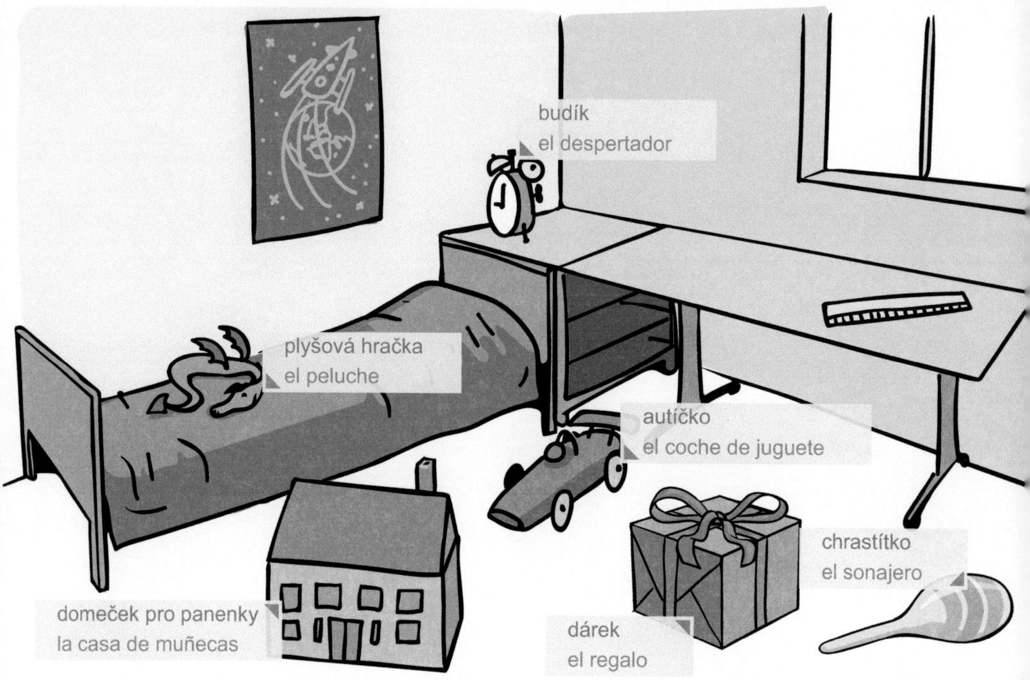

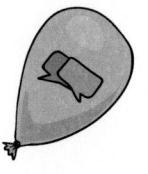

balón

el globo

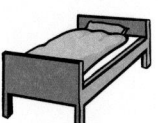

postel

la cama

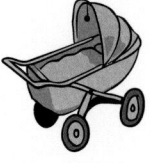

kočárek

el cochecito

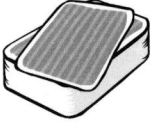

balíček karet

las cartas

puzzle

el rompecabezas

SUPER MEGA

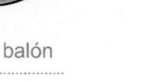

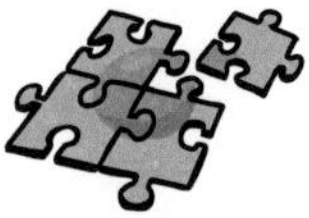

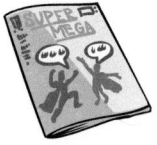

komiks

la historieta

lego kostky

las piezas de lego

stavebnice

los ladrillos de juguete

akční figurka

la figura de acción

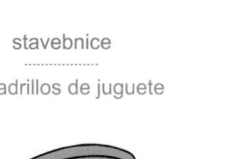

dupačky

el enterito (de bebé)

frisbee

el frisbee

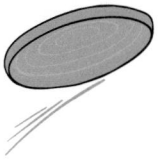
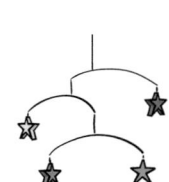

závěsné hračky nad postýlku

el móvil para bebés

desková hra

el juego de mesa

kostky

los dados

modelová železnice

el tren eléctrico

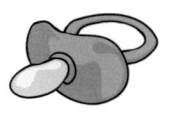

dudlík

el chupete

oslava

la fiesta

obrázková kniha

el libro de cuentos ilustrado

míč

la pelota

panenka

la muñeca

hrát si

jugar

pískoviště

el arenero

houpačka

la hamaca

hračky

los juguetes

hrací konzole

la consola de videojuegos

tříkolka

el triciclo

medvídek

el osito de peluche

šatník

el armario

oblečení
la ropa

ponožky

las medias

punčochy

las medias panty

punčochové kalhoty

las calzas

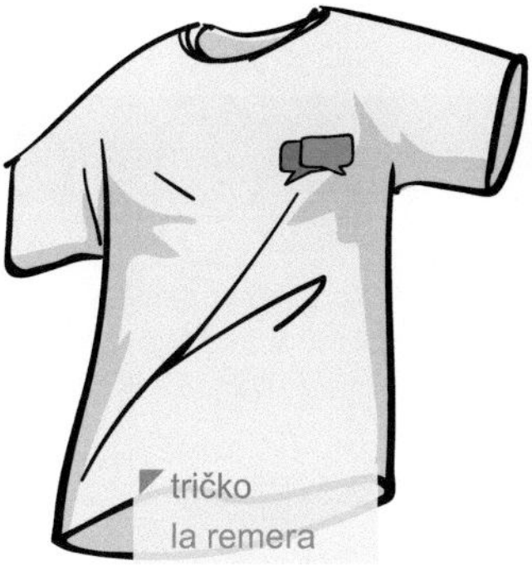

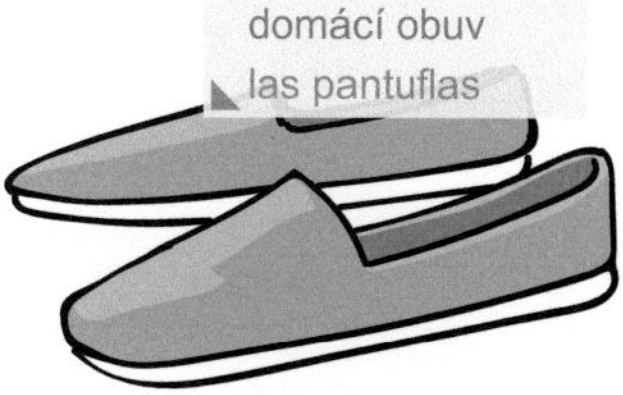

šála
la bufanda

pásek
el cinturón

deštník
el paraguas

tričko
la remera

kozačky
las botas

domácí obuv
las pantuflas

tenisky
las zapatillas

sandály
....
las sandalias

obuv
....
los zapatos

holínky
....
las botas de goma

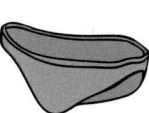

spodní prádlo
....
la ropa interior

podprsenka
....
el corpiño

nátělník
....
el chaleco

body

el body

kalhoty

los pantalones

džíny

los jeans

sukně

la pollera

blůza

la blusa

košile

la camisa

svetr

el pulóver

mikina

el buzo

blejzr

el blazer

bunda

la campera

kabát

el tapado

pláštěnka

el piloto

kostým

el traje

šaty

el vestido

svatební šaty

el vestido de novia

oblek

el traje

noční košile

el camisón

pyžamo

el pijama

sárí

el sari

šátek na hlavu

el pañuelo para la cabeza

turban

el turbante

burka

la burka

kaftan

el caftán

abája

la abaya

plavky

el traje de baño

pánské plavky

el short de baño

kraťasy

los shorts

teplákvá souprava

el jogging

zástěra

el delantal

rukavice

los guantes

knoflík

el botón

brýle

los anteojos

náramek

la pulsera

náhrdelník

el collar

prsten

el anillo

náušnice

el aro

čepice

la gorra

ramínko

la percha

klobouk

el sombrero

kravata

la corbata

zip

el cierre

helma

el casco

kšandy

los tiradores

školní uniforma

el uniforme escolar

uniforma

el uniforme

bryndák

el babero

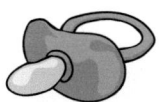

dudlík

el chupete

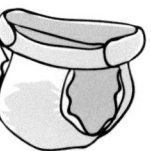

plena

el pañal

kancelář
la oficina

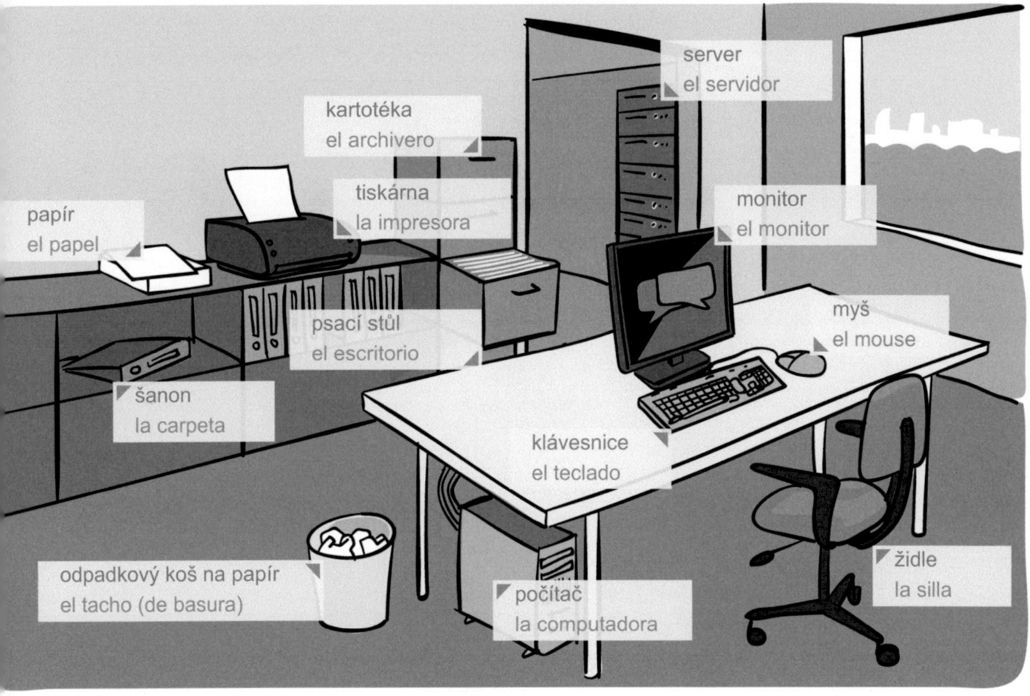

server
el servidor

kartotéka
el archivero

tiskárna
la impresora

monitor
el monitor

papír
el papel

psací stůl
el escritorio

myš
el mouse

šanon
la carpeta

klávesnice
el teclado

odpadkový koš na papír
el tacho (de basura)

počítač
la computadora

židle
la silla

hrnek na kávu

la taza de café

kalkulačka

la calculadora

internet

el internet

notebook
la laptop

dopis
la carta

zpráva
el mensaje

mobil
el celular

síť
la red

kopírka
la fotocopiadora

software
el software

telefon
el teléfono

zásuvka
el tomacorriente

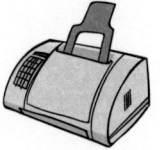

fax
el fax

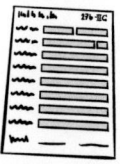

formulář
el formulario

dokument
el documento

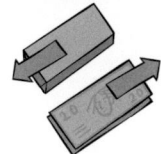

nakupovat

comprar

zaplatit

pagar

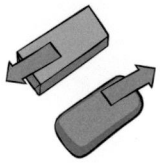

jednat

hacer negocios

peníze

el dinero

dolar

el dólar

euro

el euro

jen

el yen

rubl

el rublo

frank

el franco suizo

juan

el yuan

rupie

la rupia

bankomat

el cajero automático

smněnárna

la casa de cambio

zlato

el oro

stříbro

la plata

olej

el petróleo

energie

la energía

cena

el precio

smlouva

el contrato

daň

el impuesto

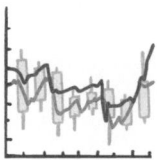

akcie

la acción

pracovat

trabajar

zaměstnanec

el empleado

zaměstnavatel

el empleador

továrna

la fábrica

obchod

el negocio

povolání
las ocupaciones

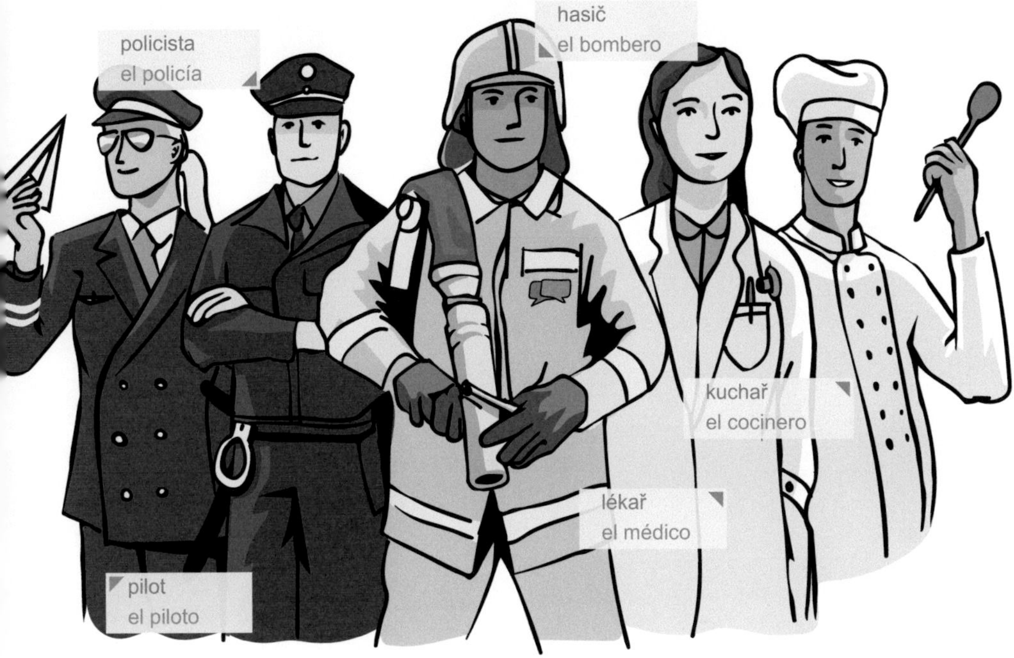

policista
el policía
hasič
el bombero
kuchař
el cocinero
lékař
el médico
pilot
el piloto

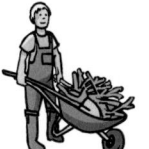

zahradník

el jardinero

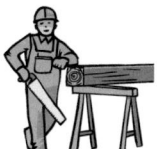

truhlář

el carpintero

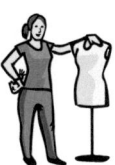

švadlena

la modista

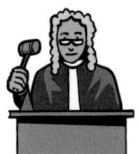

soudce

el juez

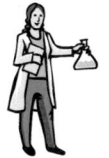

chemik

el farmacéutico

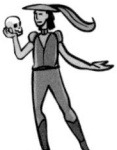

herec

el actor

řidič autobusu

el colectivero

řidič taxi

el taxista

rybář

el pescador

uklízečka

la mucama

pokrývač

el techista

číšník

el mozo

myslivec

el cazador

malíř

el pintor

pekař

el panadero

elektrikář

el electricista

stavební dělník

el albañil

inženýr

el ingeniero

řezník

el carnicero

klempíř

el plomero

listonoš

el cartero

voják
el soldado

architekt
el arquitecto

pokladní
el cajero

florista
el florista

kadeřník
el peluquero

průvodčí
el cobrador

mechanik
el mecánico

kapitán
el capitán

zubař
el dentista

vědec
el científico

rabín
el rabino

imám
el imán

mnich
el monje

duchovní
el sacerdote

nářadí
las herramientas

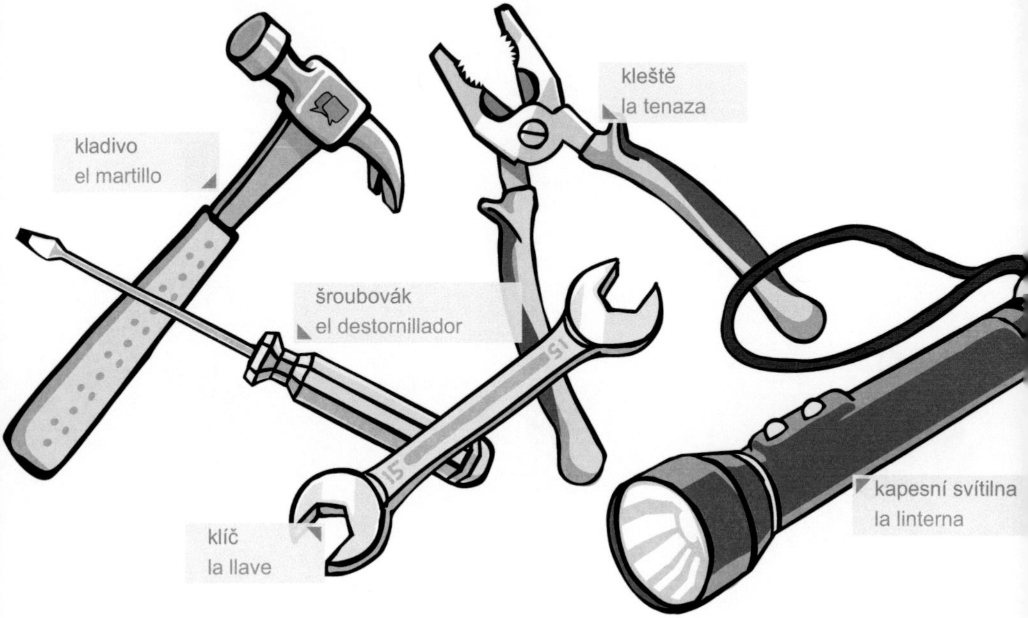
kladivo
el martillo
kleště
la tenaza
šroubovák
el destornillador
klíč
la llave
kapesní svítilna
la linterna

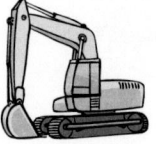

bagr

la excavadora

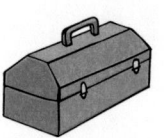

skříň na nářadí

la caja de herramientas

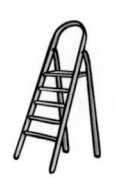

žebřík

la escalera portátil

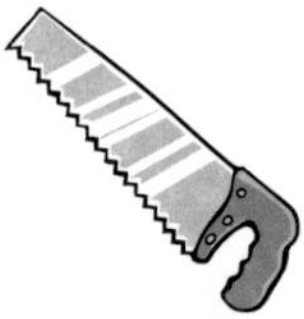

pila

la sierra

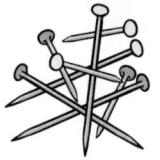

hřebíky

los clavos

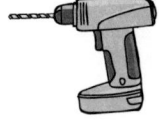

vrtačka

el taladro

opravit

arreglar

lopata

la pala de jardín

Kurva!

¡Qué bronca!

lopatka

la pala de plástico

vědroé na barvu

el tacho de pintura

šrouby

los tornillos

hudební nástroje
los instrumentos musicales

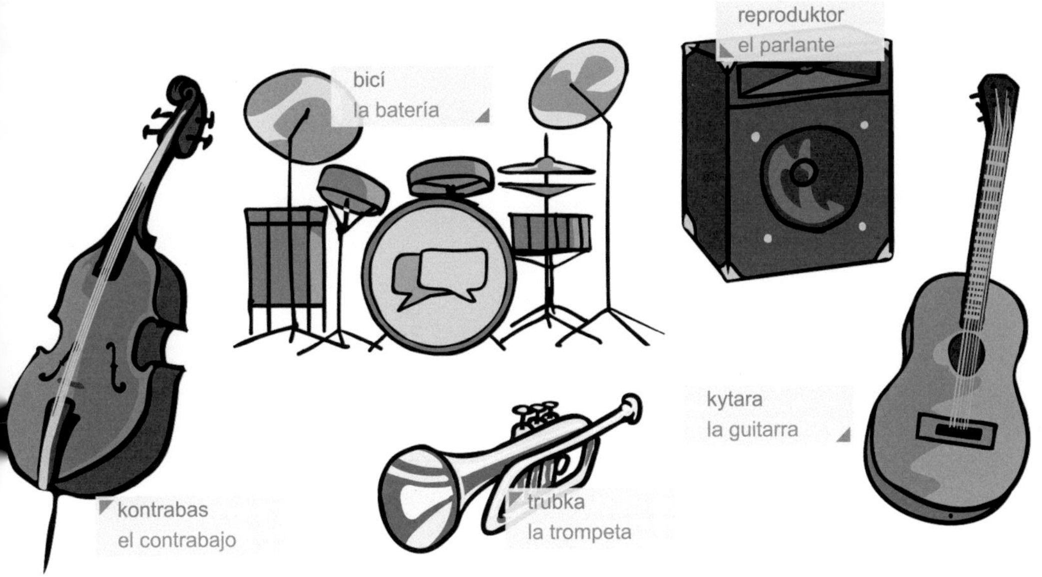

reproduktor
el parlante

bicí
la batería

kytara
la guitarra

kontrabas
el contrabajo

trubka
la trompeta

klavír

el piano

housle

el violín

basa

el bajo

tympán

los timbales

bubny

el tambor

keyboard

el teclado

saxofon

el saxofón

flétna

la flauta

mikrofon

el micrófono

zoo

el zoológico

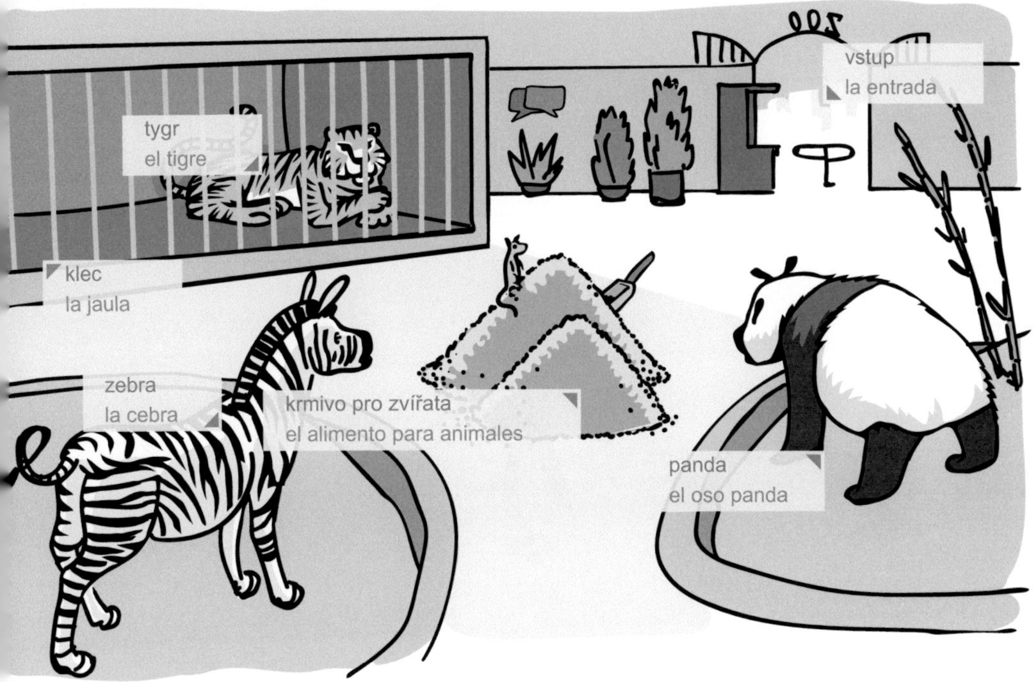

vstup
la entrada
tygr
el tigre
klec
la jaula
zebra
la cebra
krmivo pro zvířata
el alimento para animales
panda
el oso panda

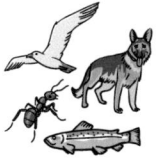

zvířata

los animales

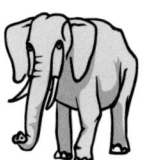

slon

el elefante

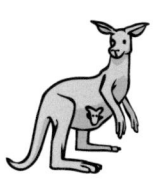

klokan

el canguro

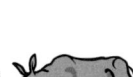

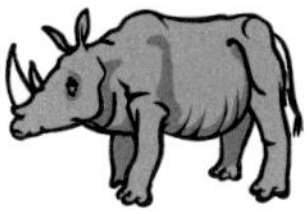

nosorožec

el rinoceronte

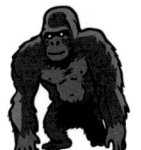

gorila

el gorila

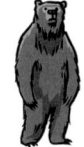

medvěd

el oso

velbloud

el camello

pštros

el avestruz

lev

el león

opice

el mono

plameňák

el flamenco

papoušek

el loro

lední medvěd

el oso polar

tučňák

el pingüino

žralok

el tiburón

páv

el pavo real

had

la serpiente

krokodýl

el cocodrilo

ošetřovatel zvířat

el cuidador del zoológico

tuleň

la foca

jaguár

el jaguar

poník

el poni

leopard

el leopardo

hroch

el hipopótamo

žirafa

la jirafa

orel

el águila

divoké prase

el jabalí

ryby

el pescado

želva

la tortuga

mrož

la morsa

liška

el zorro

gazela

la gacela

americký fotbal
el fútbol americano

cyklistika
el ciclismo

tenis
el tenis

košíková
el básquet

plavání
la natación

box
el boxeo

lední hokej
el hockey sobre hielo

kopaná
el fútbol

badminton
el bádminton

lehká atletika
el atletismo

házená
el handball

běh na lyžích
el esquí

vodní pólo
el polo

aktivity
las actividades

smát se
reír
skočit
saltar
objímat
abrazar
jít
caminar
zpívat
cantar
snít
soñar
modlit se
rezar
políbit
besar

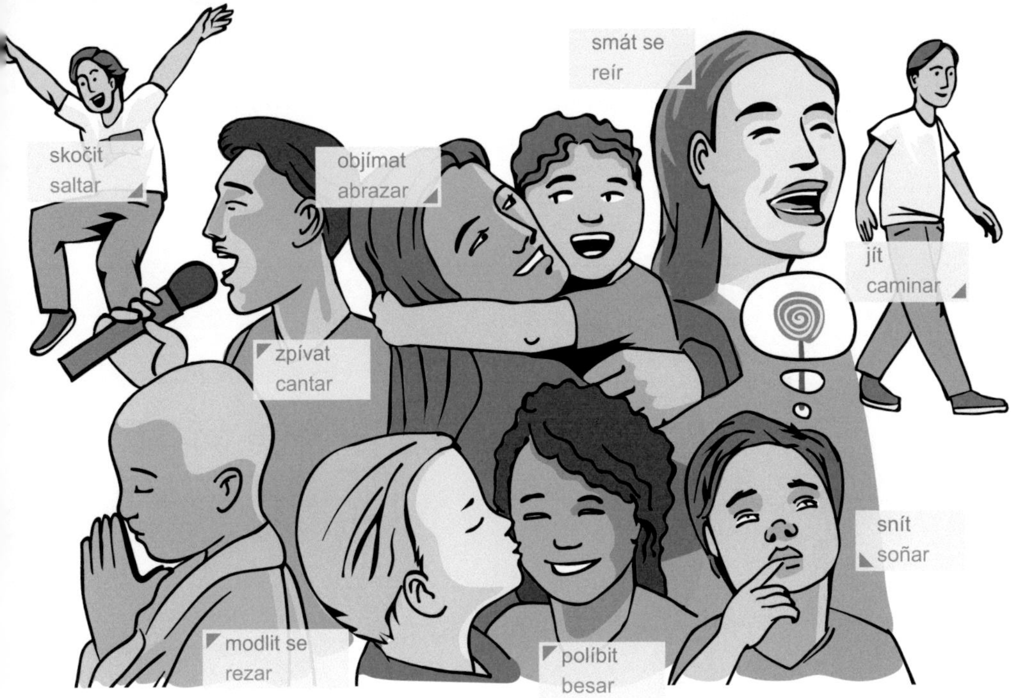

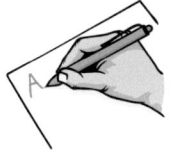

psát

escribir

kreslit

dibujar

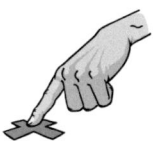

ukazovat

mostrar

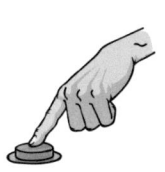

tlačit

presionar

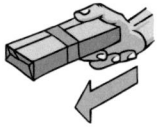

dát

dar

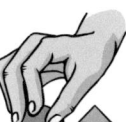

vzít si

tomar

mít

tener

dělat

hacer

být

ser

stát

estar parado

běhat

correr

táhnout

tirar

hodit

tirar

padat

caer

ležet

estar acostado

čekat

esperar

nosit

llevar

sedět

estar sentado

oblékat

vestirse

spát

dormir

vzbudit se

despertar

prohlédnout si

mirar

plakat

llorar

pohladit

acariciar

česat

peinar

hovořit

hablar

rozumět

entender

ptát se

preguntar

slyšet

escuchar

pít

beber

jíst

comer

uklidit

ordenar

milovat

amar

vařit

cocinar

jet

manejar

letět

volar

plachtit

navegar

počítat

calcular

číst

leer

učit se

aprender

pracovat

trabajar

vzít si

casarse

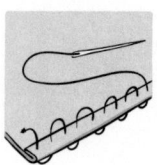

šít

coser

čistit si zuby

cepillarse los dientes

zabít

matar

kouřit

fumar

poslat

enviar

rodina

la familia

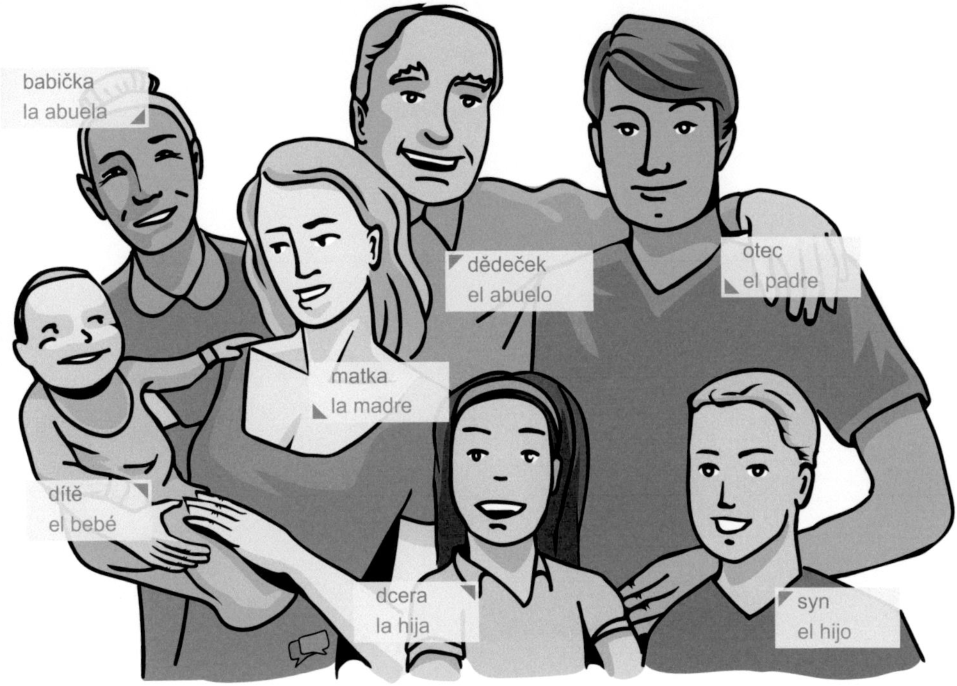
babička
la abuela
dědeček
el abuelo
otec
el padre
matka
la madre
dítě
el bebé
dcera
la hija
syn
el hijo

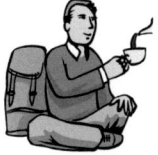

host

el invitado

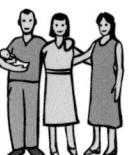

teta

la tía

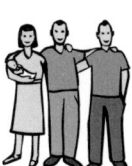

strýc

el tío

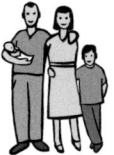

bratr

el hermano

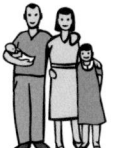

sestra

la hermana

tělo

el cuerpo

čelo
la frente
oko
el ojo
rameno
el hombro
prst
el dedo
obličej
la cara
brada
la pera
ruka
la mano
dolní končetina
la pierna
hruď
el pecho
paže
el brazo

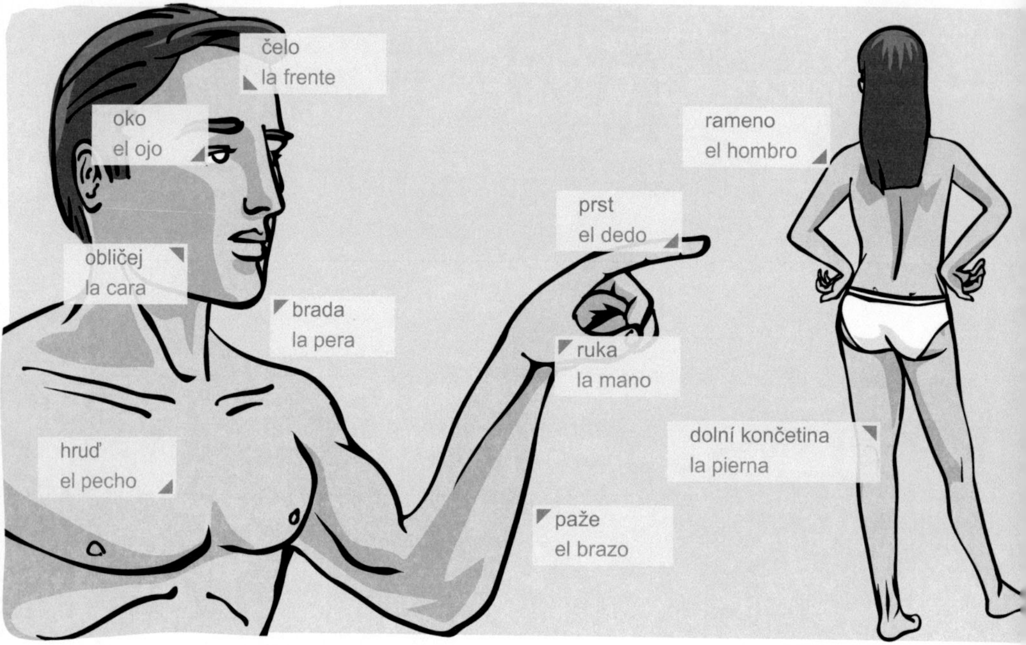

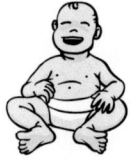

dítě

el bebé

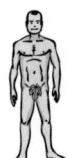

muž

el hombre

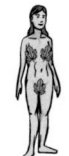

žena

la mujer

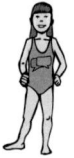

dívka

la nena

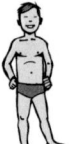

chlapec

el nene

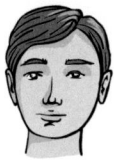

hlava

la cabeza

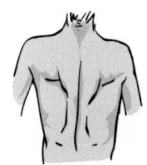

zába

la espalda

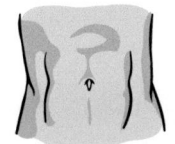

břicho

la panza

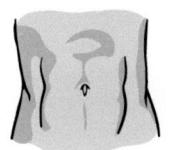

pupík

el ombligo

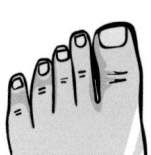

prst na noze

el dedo del pie

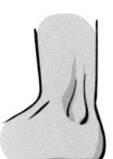

pata

el talón

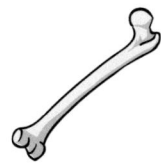

kost

el hueso

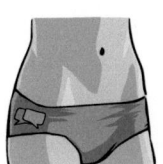

bok

la cadera

koleno

la rodilla

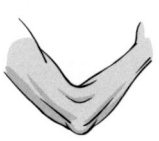

loket

el codo

nos

la nariz

zadek

la cola

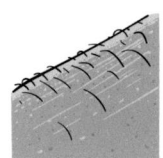

kůže

la piel

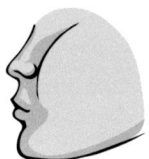

tvář

el cachete

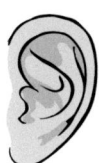

ucho

la oreja

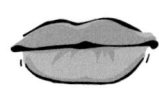

ret

el labio

tělo - el cuerpo

ústa

la boca

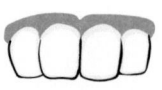

zub

el diente

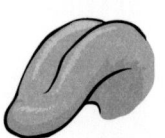

jazyk

la lengua

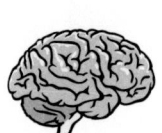

mozek

el cerebro

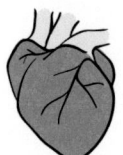

srdce

el corazón

sval

el músculo

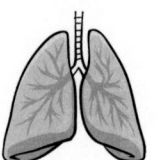

plíce

el pulmón

játra

el hígado

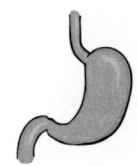

žaludek

el estómago

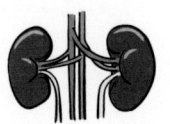

ledviny

los riñones

pohlavní styk

el sexo

kondom

el preservativo

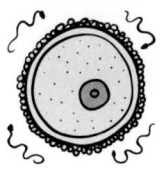

vajíčko

el óvulo

sperma

el semen

těhotenství

el embarazo

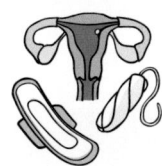

menstruace

la menstruación

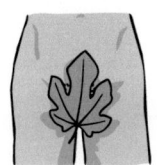

vagina

la vagina

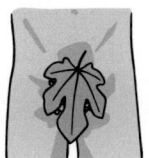

penis

el pene

obočí

la ceja

vlasy

el pelo

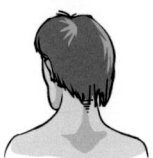

krk

el cuello

nemocnice
el hospital

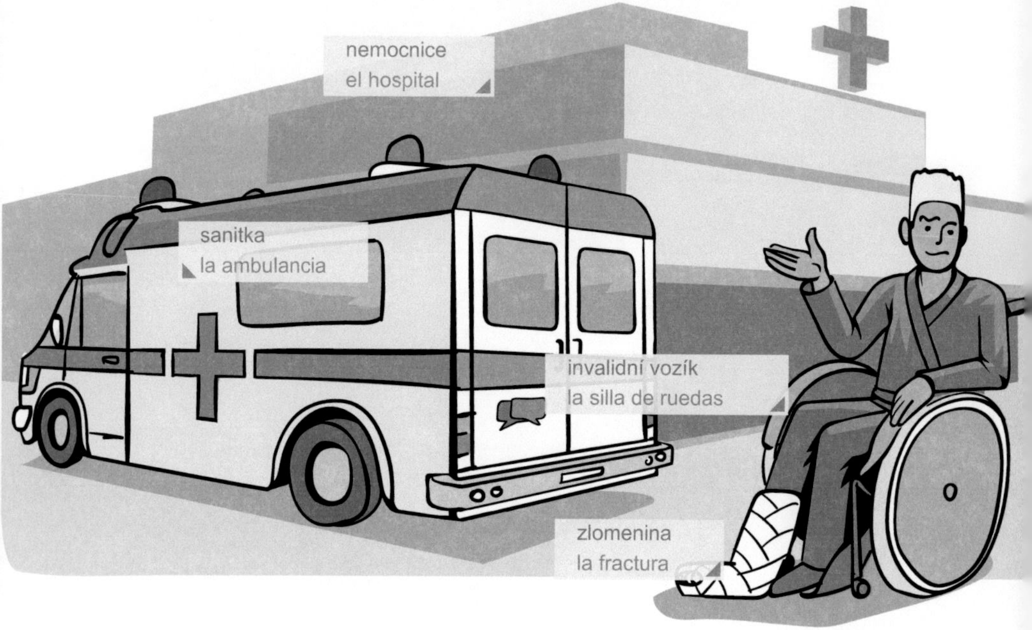

nemocnice
el hospital
sanitka
la ambulancia
invalidní vozík
la silla de ruedas
zlomenina
la fractura

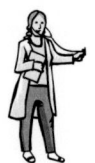

lékař

el médico

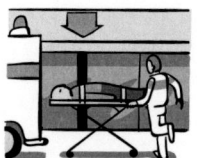

pohotovost

la sala de guardia

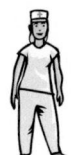

zdravotní sestra

la enfermera

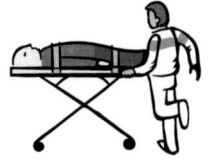

urgentní případ

la emergencia

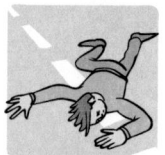

v bezvědomí

inconsciente

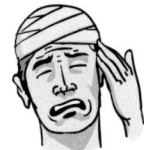

bolest

el dolor

úraz

la lesión

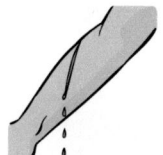

krvácení

la hemorragia

infarkt myokardu

el infarto

cévní mozková příhoda

el ACV

alergie

la alergia

kašel

la tos

horečka

la fiebre

chřipka

la gripe

průjem

la diarrea

bolest hlavy

el dolor de cabeza

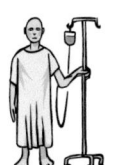

rakovina

el cáncer

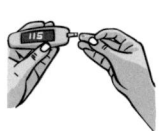

cukrovka

la diabetes

chirurg

el cirujano

skalpel

el bisturí

operace

la operación

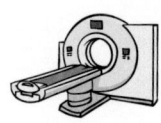

CT
....
la TC

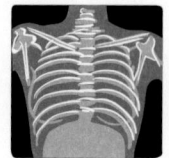

rentgen
....
los rayos x

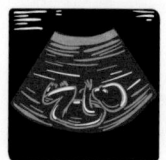

ultrazvuk
....
la ecografía

maska
....
el barbijo

nemoc
....
la enfermedad

čekárna
....
la sala de espera

berle
....
la muleta

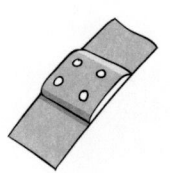

náplast
....
la curita

obvaz
....
la venda

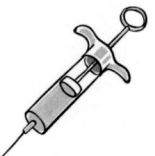

injekce
....
la inyección

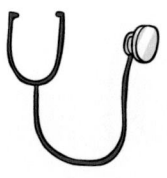

stetoskop
....
el estetoscopio

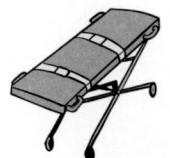

nosítka
....
la camilla

teploměr
....
el termómetro

porod
....
el nacimiento

nadváha
....
el sobrepeso

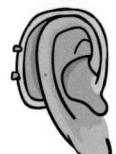

naslouchátko

el audífono

dezinfekční prostředek

el desinfectante

infekce

la infección

virus

el virus

HIV / AIDS

el VIH / SIDA

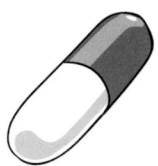

lékařství

el remedio

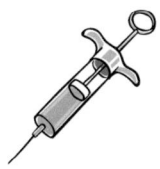

očkování

la vacunación

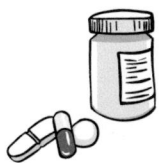

tablety

los comprimidos

pilulka

la pastilla anticonceptiva

tísňové volání

la llamada de emergencia

tonometr

el tensiómetro

nemocný / zdravý

enfermo / sano

Pomoc!
¡Ayuda!

poplach
la alarma

přepadení
la agresión

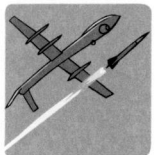

napadení
el ataque

nebezpečí
el peligro

nouzový východ
la salida de emergencia

Hoří!
¡Fuego!

hasicí přístroj
el matafuego

nehoda
el accidente

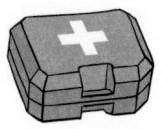

zdravotnická brašna
el botiquín de primeros
auxilios

SOS
el SOS

policie
la policía

Evropa

Europa

Severní Amerika

América del Norte

Jižní Amerika

América del Sur

Afrika

África

Asie

Asia

Austrálie

Australia

Atlantik

el Atlántico

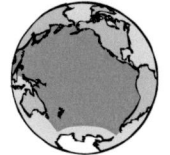

Pacifik

el Pacífico

Indický oceán

el Océano Índico

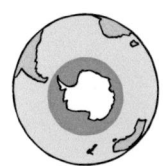

Jižní ledový oceán

el Océano Antártico

Severní ledový oceán

el Océano Ártico

severní pól

el polo norte

jižní pól

el polo sur

Antarktida

la Antártida

země

la Tierra

pevnina

la tierra

moře

el mar

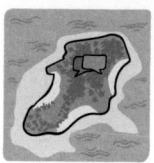

ostrov

la isla

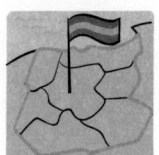

národ

la nación

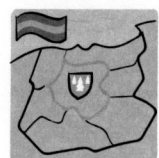

stát

el estado

ciferník

la esfera

hodinová ručička

la manecilla de las horas

minutová ručička

el minutero

vteřinová ručička

el segundero

Kolik je hodin?

¿Qué hora es?

den

el día

čas

la hora

teď

ahora

digitální hodinky

el reloj digital

minuta

el minuto

hodina

la hora

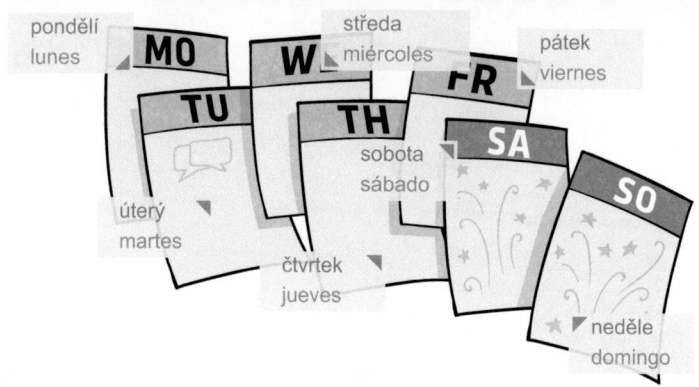

pondělí
lunes

středa
miércoles

pátek
viernes

úterý
martes

čtvrtek
jueves

sobota
sábado

neděle
domingo

včera

ayer

dnes

hoy

zítra

mañana

ráno

la mañana

poledne

el mediodía

večer

la tarde

MO	TU	WE	TH	FR	SA	SU
1	2	3	4	5	6	7
8	9	10	11	12	13	14
15	16	17	18	19	20	21
22	23	24	25	26	27	28
29	30	31	1	2	3	4

pracovní dny

los días hábiles

MO	TU	WE	TH	FR	SA	SU
1	2	3	4	5	6	7
8	9	10	11	12	13	14
15	16	17	18	19	20	21
22	23	24	25	26	27	28
29	30	31	1	2	3	4

víkend

el fin de semana

duha
el arco iris

déšť
la lluvia

sníh
la nieve

vítr
el viento

jaro
la primavera

léto
el verano

podzim
el otoño

zima
el invierno

4.APRIL	11°
5.APRIL	4°
6.APRIL	13°
7.APRIL	8°
8.APRIL	10°

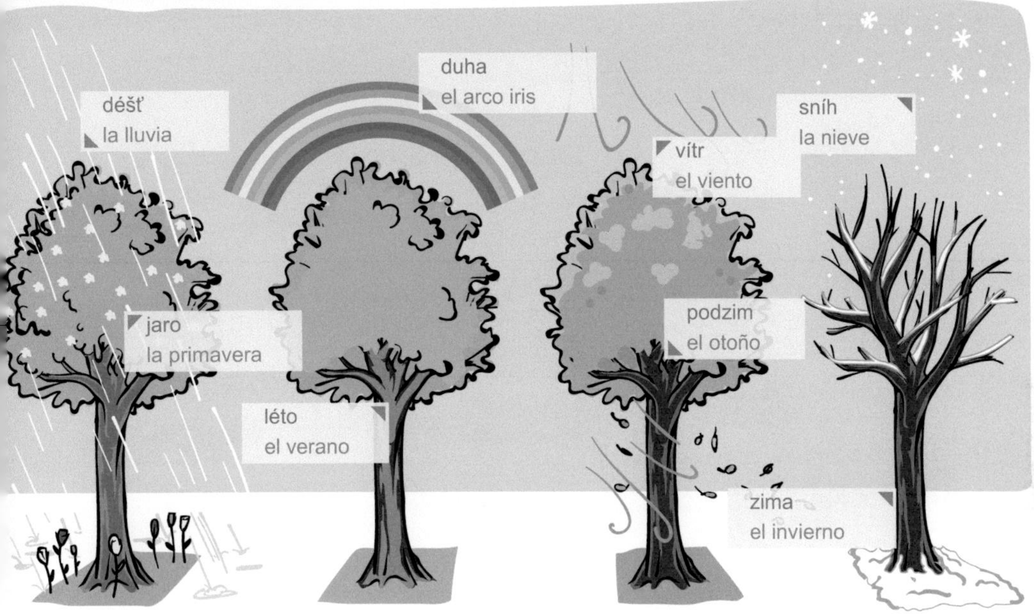

předpověď počasí

el pronóstico meteorológico

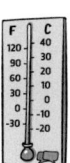

teploměr

el termómetro

sluneční svit

la luz del sol

mrak

la nube

mlha

la niebla

vlhkost

la humedad

blesk

el rayo

hrom

el trueno

bouřka

la tormenta

kroupy

el granizo

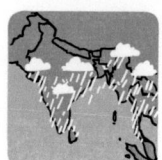

monzun

el monzón

povodeň

la inundación

led

el hielo

leden

enero

únor

febrero

březen

marzo

duben

abril

květen

mayo

červen

junio

červenec

julio

srpen

agosto

zář í
....
septiembre

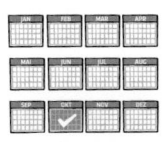

říjen
....
octubre

listopad
....
noviembre

prosinec
....
diciembre

kruh
....
el círculo

čtverec
....
el cuadrado

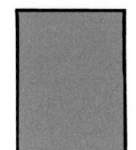

obdélník
....
el rectángulo

trojúhelník
....
el triángulo

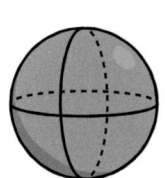

koule
....
la esfera

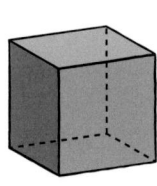

krychle
....
el cubo

bílá

blanco

žlutá

amarillo

oranžová

naranja

růžová

rosa

červená

rojo

fialová

violeta

modrá

azul

zelená

verde

hnědá

marrón

šedá

gris

černá

negro

hodně / málo

mucho / poco

rozzuřený / mírumilovný

enojado / tranquilo

krásný / ošklivý

lindo / feo

začátek / konec

el principio / el fin

velký / malý

grande / chico

světlý / tmavý

claro / oscuro

bratr / sestra

el hermano / la hermana

čistý / špinavý

limpio / sucio

úplný / neúplný

completo / incompleto

den / noc

el día / la noche

mrtvý / živý

muerto / vivo

široký / úzký

ancho / angosto

jedlý / nejedlý

comestible / no comestible

zlý / hodný

malo / amable

vzrušený / znuděný

entusiasmado / aburrido

tlustý / hubený

gordo / flaco

nejdříve / naposledy

primero / último

přítel / nepřítel

el amigo / el enemigo

plný / prázdný

lleno / vacío

tvrdý / měkký

duro / blando

těžký / lehký

pesado / liviano

hlad / žízeň

el hambre / la sed

nemocný / zdravý

enfermo / sano

ilegální / legální

ilegal / legal

inteligentní / hloupý

inteligente / estúpido

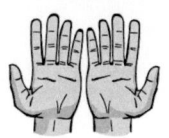

vlevo / vpravo

izquierda / derecha

blízko / daleko

cerca / lejos

nový / použitý

nuevo / usado

nic / něco

nada / algo

starý / mladý

viejo / joven

zapnutý / vypnutý

encendido / apagado

otevřeno / zavřeno

abierto / cerrado

tichý / hlasitý

silencioso / ruidoso

bohatý / chudý

rico / pobre

správný / špatný

correcto / incorrecto

drsný / hladký

áspero / suave

smutný / šťastný

triste / contento

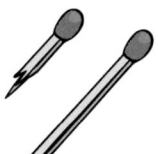

krátký / dlouhý

corto / largo

pomalý / rychlý

lento / rápido

vlhký / suchý

mojado / seco

teplý / chladný

caliente / frío

válka / mír

guerra / paz

los números

0

nula

cero

1

jedna

uno

2

dva

dos

3

tři

tres

4

čtyři

cuatro

5

pět

cinco

6

šest

seis

7

sedm

siete

8

osm

ocho

9

devět

nueve

10

deset

diez

11

jedenáct

once

12

dvanáct

doce

13

třináct

trece

14

čtrnáct

catorce

15

patnáct

quince

16

šestnáct

dieciséis

17

sedmnáct

diecisiete

18

osmnáct

dieciocho

19

devatenáct

diecinueve

20

dvacet

veinte

100

sto

cien

1.000

tisíc

mil

1.000.000

milion

el millón

angličtina

el inglés

americká angličtina

el inglés americano

standardní čínština

el chino mandarín

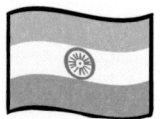

hindština

el hindi

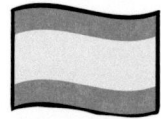

španělština

el español

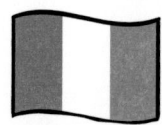

francouzština

el francés

arabština

el árabe

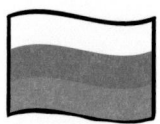

ruština

el ruso

portugalština

el portugués

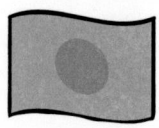

bengálština

el bengalí

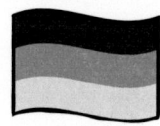

němčina

el alemán

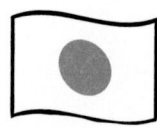

japonština

el japonés

já
yo

ty
vos

on / ona / ono
él / ella

my
nosotros

vy
ustedes

oni
ellos

Kdo?
¿quién?

Co?
¿qué?

Jak?
¿cómo?

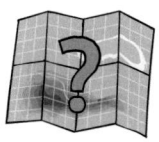

Kde?
¿dónde?

Kdy?
¿cuándo?

jméno
el nombre

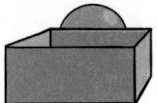

za
....
detrás

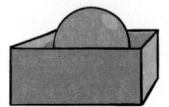

do
....
en

z
....
adelante de

nad
....
por encima de

na
....
sobre

mezi
....
debajo de

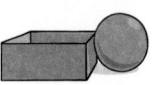

vedle
....
al lado de

mezi
....
entre

místo
....
el lugar